Avocado

Kathrin Konrad

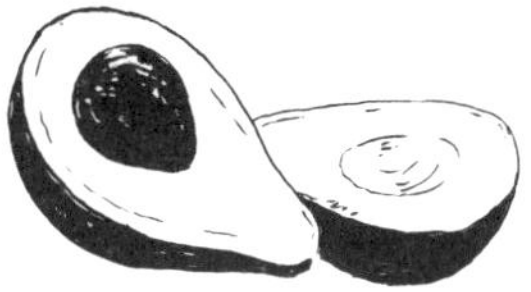

Mit Illustrationen von
Linda Wolfsgruber

mandelbaums *kleine gourmandisen*
N° 011

www.mandelbaum.at
ISBN 978-3-85476-531-8

1. Auflage 2017
Lektorat: Inge Fasan
Satz und Umschlaggestaltung: Michael Baiculescu
Illustrationen: Linda Wolfsgruber
Druck: Donau Forum Druck, Wien

DER BEGINN EINER WUNDERBAREN …

… nein, Freundschaft wurde es keine, vielmehr eine große Liebe. Und sie begann mit einem Missverständnis. Im Herbst des Jahres 1989 beschloss ich – endlich befreit von den schulischen Fesseln –, die Welt zu erobern und damit in Madrid zu beginnen. Ohne Spanischkenntnisse bewarb ich mich als Au-pair-Mädchen bei einer Madrider Familie. In den ersten Tagen der freundlichen Annäherung fragte mich Gastmutter Teresa, was ich denn gerne äße. Tags zuvor hatte ich zum ersten Mal in meinem Leben eine Avocado gekostet und antwortete ihr daher voller Stolz über mein kulinarisches Weltwissen: *¡Me encantan los avocados!* – Auf Deutsch heißt das in etwa: Ich liebe Anwälte!

Sie quittierte meine Aussage mit einem äußerst erstaunten Blick und einer hochgezogenen Augenbraue, fragte aber nicht näher nach. Das Missverständnis (es sollte nicht das letzte gewesen sein) klärte sich für mich erst einige Zeit später in einem Supermarkt auf: Der in Spanien gebräuchliche Ausdruck für Avocados lautet *aguacate*.

Den frisch geknüpften kulinarischen Banden zwischen mir und der grünen Frucht tat diese kleine Episode keinen Abbruch. Teresa begeisterte mich mit einem denkbar einfachen Rezept: Sie schnitt die Avocados in Hälften und füllte in die kleine Mulde Olivenöl, Zitrone, Salz und Pfeffer. Voilà, ein puristischer, köstlicher Starter. Der Kontakt zur Gastfamilie verlief sich leider mit den Jahren – die Liebe zur Avocado erwies sich als tragfähig.

HERKUNFT UND NAME

Ursprünglich stammt die Avocado aus Mexiko und Zentralamerika. Das deutsche Wort leitet sich vom spanischen *aguacate* ab, das eine direkte Entlehnung aus dem Nahuatl, der Sprache (unter anderem) der Azteken, ist, nämlich von *ahuacatl*, welches wiederum auf die ursprüngliche Bezeichnung der Azteken *pa:wa* zurückgeht, beide bedeuteten Avocado – aber nicht nur, denn das Nahuatl-Wort wurde auch für »Hoden« verwendet, wahrscheinlich wegen der ähnlichen Form. Die Frucht hatte laut mexikanischen Quellen eine erotische Bedeutung für das kriegerische Volk der Azteken, weshalb es den Frauen verboten war, sie zu ernten. So war es angeblich auch der Schöpfergott Quetzalcoatl, der seinem Volk das Rezept der Guacamole offenbarte, damit diese es in Mesoamerika verbreiten sollten. Das Wort *guacamole* stammt ebenfalls aus dem Nahuatl, von dem Wort *ahuacamolli*, und bedeutet übersetzt Avocadosuppe oder Avocadosauce.

Bis heute gilt die Avocado in Mexiko als Grundnahrungsmittel (wie Mais und rote Bohnen), das bei kaum einer Mahlzeit fehlt. So lässt sich auch der jährliche Avocadoverbrauch der Mexikaner von 7 Kilogramm pro Person erklären. Im Vergleich dazu sind die Europäer mit durchschnittlich 650 Gramm pro Kopf schwache Esser, der Konsum der US-Amerikaner liegt bei 3,2 Kilogramm pro Jahr. Es verwundert daher kaum, dass Mexiko der mit Abstand größte Produzent weltweit ist (fast 1,5 Millionen Tonnen im Jahr 2013).

Nicht nur im Deutschen liest man alternativ zum Wort Avocado auch immer wieder die Bezeichnungen Butterfrucht, Butterbirne oder Alligatorbirne. Auch im englischen Sprachraum wird sie neben *avocado* auch als *alligator pear* oder, wie in der Karibik üblich, nur als *pear* bezeichnet. In Indien kennt man sie als *butter fruit*, im Vietnamesischen läuft sie unter *bo*, was Butter heißt. In

Taiwan ist sie unter *cheese pear* bekannt. Betrachtet man die Form der Frucht, die Konsistenz des Fruchtfleisches sowie die Beschaffenheit der Schale, bedarf es keiner weiteren Kommentare.

Eine veraltete Bezeichnung für die Avocado ist Abacata oder Abacate, nach dem portugiesischen *abacate*, das auch in Brasilien gebräuchlich ist.

Im Spanischen heißt die Avocado, wie bereits erwähnt, *aguacate*, im südlichen Teil Südamerikas (Argentinien, Chile, Bolivien und Peru) ist hingegen das Wort *palta* üblich. Es stammt, wie Rodolfo Lenz in seinem *Diccionario etimológico* (1910) beleuchtet, von dem Aimara[1]-Wort *phalta*, von dem sich wiederum das Quechua-Wort *palltai* ableitete: »Baum, der in den Küstentälern wächst.«

GESCHICHTE

Auch wenn das Wort Avocado aus der Sprache der Azteken stammt, so ist die Frucht selbst viele tausend Jahre älter als die aztekische Hochkultur, die bekanntlich vom 14. bis zum frühen 16. Jahrhundert existierte.

Die Avocado gehört neben Amarant, Chili, Baumwolle und Gartenkürbis zu den ersten domestizierten Pflanzen, die im Tal rund um Tehuacán, einer Stadt im heutigen mexikanischen Bundesstaat Puebla, angebaut wurden. Umfangreiche Ausgrabungen belegen, dass die Bewohner des trockenen Tehuacán-Tals in der sogenannten El-Riego-Phase Halbnomaden waren, deren Leben sich zwischen kleinen Jagdlagern und etwas größeren temporären Dörfern abspielte, in denen sie Pflanzen sammelten und anbauten.

Die genaue Datierung dieses historischen Abschnitts schwankt, aber sie wird in einem Zeitraum zwischen

1 Aimara und Quechua gehören zu den drei am häufigsten gesprochenen indigenen Sprachen in Südamerika.

8650–5700 (nach neueren Forschungen) oder 6800–5000 v. Chr. angesiedelt. Wir können also davon ausgehen, dass die Avocado seit 8000–10.000 Jahren gegessen und vermutlich auch gezüchtet wird.

Bei diesen Grabungen konnte erstmals eine kontinuierliche Zeitabfolge von der frühesten Besiedlung über die Pflanzendomestikation, die Keramikproduktion bis zur spanischen Eroberung im 16. Jahrhundert erbracht werden. Der erste domestizierte Mais sowie Bohnen tauchten demnach in der Coxcatlán-Phase (5000–3400 v. Chr.) auf. In der Abejas-Phase wurden Schalen und Krüge aus Stein gefertigt. Die erste feste Siedlung ist für 3000 v. Chr. und die erste Keramik ist für die Purrón-Phase (2300–1500 v. Chr.) nachgewiesen.

Von Mexiko aus verbreitete sich die Avocado schließlich weiter nach Peru, wo Archäologen einen Wasserkrug in Form einer Avocado fanden, der aus dem Jahr 900 v. Chr. stammt.

Auch von den Maya weiß man, dass sie Avocados anbauten. Die Kultur der Maya hatte ihre Hochphase von 300–900 n. Chr., sie bewohnten die Yucatán-Halbinsel und Guatemala. Ihre wichtigsten Nahrungspflanzen waren Mais, Bohnen und Kürbisse, die sie zu Beginn nur für die Versorgung der eigenen Familien anbauten. Später kamen Baumwolle und Kakaobäume hinzu, die sich für den Handel eigneten. In ihren Dörfern pflegten die Maya Gärten, wo sie tropische Früchte wie Papayas, Sapotillen und Avoacdos ernteten, ebenso Süßkartoffeln und Chilis.

DIE AVOCADO AUS DER SICHT DER SPANISCHEN EROBERER

Als die Spanier in Südamerika eintrafen, war die Avocado bereits von Nordmexiko bis Peru verbreitet. Als erster Europäer berichtet der spanische Geograf, Kartograf und Navigator Martín Fernández de Enciso (1470–1528) in seiner 1519 veröffentlichten *Suma de Geographia que trata de todas las partidas y provincias del mundo*, dem ersten Werk in spanischer Sprache über die Entdeckungen in der Neuen Welt, über die Avocado: *»(...) parece una naranja y cuando se corta para comerlo es amarillo, pues lo que tiene adentro es como mantequilla y deja un gusto tan bueno y blando que es una cosa maravilla.«* »Sie ähnelt einer Orange, und wenn man sie zerschneidet, um sie zu essen, ist sie gelb, und ihr Inneres ist wie Butter und hinterlässt einen so guten und zarten Geschmack, dass es eine Freude ist.« Von De Enciso erfahren wir außerdem, dass die Avocado bei Santa Marta an der Südküste Kolumbiens, also jener der Karibik zugewandten Küste des Landes, angebaut wurde.

Im November des Jahres 1519 betrat Hernán Cortés das erste Mal die spätere Hauptstadt Mexikos, die damals Tenochtitlán hieß, im August 1521 wurde die Stadt von ihm nach qualvollen Kämpfen ausgelöscht und damit die Vorherrschaft der Azteken beendet. Er gab der unterworfenen Bevölkerung den Befehl, alles in ihrem Besitz befindliche Gold abzuliefern, und staunte nicht wenig, als diese ihm Berge einer dunkelgrünen, birnenförmigen Frucht brachten: Avocados, ihr »grünes Gold«.

Im Jahr 1526 verfasste Gonzalo Fernández de Oviedo y Valdés (1478–1557), spanischer Historiker, Staatsmann und einer der bedeutendsten Chronisten der spanischen Eroberung Südamerikas, die folgende Beschreibung der Avocado und lieferte gleichzeitig eine Art erste Ess-Anleitung: »Im Inneren der Frucht befindet sich ein Kern (Samen), der aussieht wie eine geschälte Kastanie. Und zwischen ihm und der Rinde ist der essbare Teil, der reichhaltig ist, eine Paste ähnlich wie Butter und von sehr gutem Geschmack.«

Im Jahr 1576 wies Philipp II. (1527–1598) seinen Arzt Francisco Hernández an, die Eigenschaften und Wirkungen dieser amerikanischen Pflanze zu untersuchen, und dieser schrieb den folgenden Passus für seinen König und dessen Untertanen: »Die Frucht, der die Spanier den Namen Avocado geben, ist warm und angenehm im Geschmack, sie ist einfach zu handhaben, ist fetthaltig und feucht, steigert das sexuelle Verlangen.«

In ihrer Gier nach Gold löschten die Spanier zahlreiche Hochkulturen auf dem amerikanischen Kontinent aus und zerstörten unwiederbringliche Kunst- und Kulturgüter. Aber sie brachten eine der vielfältigsten Früchte mit nach Europa, von der – im Gegensatz zu Kartoffeln, Mais oder Tomaten – lange Zeit niemand ahnte, wie populär sie werden würde.

Auf den langen Seereisen diente die Frucht wegen ihres hohen Eiweiß- und Ölgehalts als Fleischersatz. Mag sein, dass manch spanischer Konquistador nach seiner Rückkehr einige braune Fruchtkerne auf seinem eigenen Landgut gepflanzt hat, kommerzielle Avocado-Plantagen gibt es in Spanien jedoch erst seit etwa 1965, sie wurden östlich von Malaga angelegt. Mit den Jahren wuchsen die Anbaugebiete im Mikroklima der Costa del Sol auf 7000 Hektar an.

BOTANIK – NÄHRSTOFFE – WIRKUNG

Der Avocadobaum gehört wie Lorbeer, Zimt und Kampfer zur Familie der Lorbeergewächse (*Lauraceae*). Botanisch gesehen ist die Avocado (*Persea americana* oder auch *Persea gratissima*) kein Gemüse, sondern eine Frucht, allerdings keine Steinfrucht, sondern eine Beere. Als Beere gilt in der Botanik eine aus einem einzigen Fruchtknoten hervorgegangene Schließfrucht, deren komplette Fruchtwand auch noch bei Reife saftig oder mindestens fleischig ist.

AVOCADOBÄUME

Haben Sie schon einmal einen Avocadobaum in der freien Natur gesehen? Er ist ein wunderschön gewachsener, immergrüner Baum mit tief sitzenden, ausladenden Ästen, der weit über hundert Jahre alt werden kann. Der angeblich älteste Avocadobaum in Kalifornien wurde um 1879 gepflanzt. Wenn man sie lässt, können Avocadobäume 15 bis 20 m hoch werden. Eine Tatsache, die das Ernten natürlich schwierig macht, weshalb die Maximalhöhe auf den Plantagen meist auf 6 bis 7 m beschränkt wird, oft auch niedriger. An seinen Blättern erkennt man sofort die Verwandtschaft mit dem Lorbeer: Sie sind spitzoval, dunkelgrün und glänzend an der Oberseite, unterseits sind sie matt, weißlich- bis bläulichgrün und können eine stattliche Länge von bis zu 45 cm erreichen.

Avocadobäume beginnen im vierten Jahr Früchte zu tragen, sie sind zu diesem Zeitpunkt etwa 2 m hoch. Das Produktionsmaximum von 40 bis 45 Kilogramm pro Baum erreichen sie im siebenten Jahr, ab diesem Zeitpunkt bleibt es konstant. Werden Pflanzen biologisch aufgezogen, das heißt ohne Düngemittel und nur mit manueller Bearbeitung des Bodens, geht der Ertrag auf die Hälfte zurück. Da die Endverbraucher bereit sind, den doppelten Preis zu bezahlen, ist der Anbau jedoch rentabel.

Je nach Sorte werden Avocados zu unterschiedlichen Zeiten reif. Einzigartig an der Frucht ist, dass man sie monatelang am Baum hängen lassen kann, ohne dass sie verdirbt, denn Avocados reifen erst nach dem Pflücken vollständig aus. Die harten Früchte sowie die bitteren Blätter des Baums schützen vor Schädlingen und Parasiten, Pestizide sind nicht (oder kaum) notwendig. Der bevorzugte Boden sollte locker, ohne Steine und gut drainiert sein. Ist der Boden jedoch zu humusreich, können die Wurzeln von Pilzen heimgesucht werden.

Je später Avocados geerntet werden, desto besser schmecken sie, denn der Ölgehalt steigt mit der Zeit von 10 auf bis zu 27 Prozent.

FORTPFLANZUNG

Die kleinen Blüten, von denen der Avocadobaum eine riesige Menge hat, stehen in seiten- und endständig verzweigten Dolden und sind von gelb-grüner Farbe. Allerdings wird selbst in der Natur nur etwa jede 5000. Blüte tatsächlich befruchtet und entwickelt sich zur erntereifen Frucht. Der Grund dafür liegt in der komplizierten Bestäubung der Pflanze. Avocados sind Zwitter, das heißt, sie haben sowohl männliche als auch weibliche Blüten. Jedoch kann sich der Baum nicht selbst bestäuben, sondern ist von einer Fremdbestäubung abhängig. Des Weiteren wird die Fruchtbildung dadurch erschwert, dass Staubgefäße und Narben nicht zur gleichen Zeit aufgehen.

Die Bäume liefern jedes zweite Jahr große Mengen relativ kleiner, kommerziell nicht verwertbarer Früchte, in den anderen Jahren dann wenige, aber große Früchte. Durch Beschneidung der Blütentrauben gelingt es, mehr verwertbare Früchte zu gewinnen.

Die ideale Avocado erreicht eine Länge von 10–12 cm und wiegt 200–400 g. Sie kann je nach Sorte eine dicke oder dünne, genoppte oder glatte Schale haben, die Farben reichen von dunkelgrün, hellgrün, violett, braunrot bis fast schwarz. Das weiche, saftarme Fruchtfleisch ist weißlich bis grün und schmeckt leicht süß und nussartig.

SORTEN

Es gibt nahezu 400 Sorten, innerhalb der Sorten unterscheidet man zwischen drei Typen.

Westindischer Typ: ovale Birnenform, raue, grüne Schale; Saison September bis Februar.

Guatemaltekischer Typ: oval-birnenförmig, glatte Schale, kräftig grün, glänzend; Saison Jänner bis April.

Mexikanischer Typ: dünne, ledrige Haut, sehr groß.

Einige Sorten, von denen Sie vielleicht noch nie gehört haben, sind: *Pinkerton* (lederhäutig, ländlich), *Esther* (groß, neutral schmeckend), *Reed* (kugelförmig), *Whitsell* (erinnert an Anis, reift spät) und *Bacon* (ertragsstark, kältefest). Bacon-Avocados werden in letzter Zeit bei uns immer häufiger angeboten, und zwar in Bio-Qualität.

Wohlbekannt sind die Sorten *Fuerte* und *Hass*. Lange Zeit war Fuerte in unseren Breiten die beliebteste Sorte, ihre Haut ist dünn, glatt und grün, ihr Geschmack ist milder, fein-milchig, aber ein wenig wässrig. Sie wurde jedoch von der runzeligen, schwarz bis violett schimmernden Hass überholt, deren Konsistenz besonders cremig und deren buttrig-nussiger Geschmack gehaltvoller ist. Rudie Hass, ein Briefträger aus Kalifornien, der an einem Herzfehler litt, nahm im Jahr 1925 all seine kleinen Ersparnisse zusammen und begann im eigenen Garten Avocados zu züchten. Obwohl kein Botaniker, gelang ihm durch Zufall die Züchtung der heute besten Sorte, die sich nach ihm benennt.

Hoffnungen setzt man auch auf *Gwen*, die äußerlich ähnlich ist wie Hass, allerdings grün bleibt. Ihr Geschmack soll den von Hass übertreffen, mit einer diskreten Mandel-Note. Eine einzige Sorte gibt es ohne Kern, sie ist gurkenförmig und klein und heißt *Mini-Avocado*.

DIE OLIVE SÜDAMERIKAS – INHALTSSTOFFE

Die Avocado ist aufgrund ihres Gehalts an ungesättigten Fettsäuren eine einzigartige Frucht, die nur mit der Olive verglichen werden kann. Sie enthält, wie bereits erwähnt, bis zu 27 Prozent Fett, das Avocadoöl, das sehr reich an Vitamin E ist und zur Herstellung von Salben gegen Hautflecken sowie von Kosmetika verwendet wird. Es besteht zu 85 Prozent aus einfach ungesättigten Fettsäuren, vor allem Ölsäure, und zu 9 Prozent aus doppelt ungesättigter Linolsäure, die für die Prävention von Arteriosklerose und anderen altersbedingten Krankheiten wichtig sind.

Avocados enthalten langkettige, hitzeresistente aliphatische Verbindungen, die bakterienabtötende Eigenschaften aufweisen. Der enthaltene spezielle Zucker hemmt die Insulin-Produktion. Das Avocado-Eiweiß weist einen hohen Gehalt an essentiellen Aminosäuren auf, es ist reich an Tryptophan.

Neben Kalium, das bei der natürlichen Regulierung des Blutdrucks hilft, bringen Avocados ein breites Spektrum an weiteren Mineralien und Spurenelementen mit, wie Magnesium, Calcium, Eisen, Kupfer und Mangan.

Abgesehen von den bereits genannten Inhaltsstoffen enthält die Avocado 70 Prozent Wasser, 2 Prozent komplexe Kohlenhydrate, Vitamine der B-Gruppe, Vitamin E und Vitamin C mit 13 mg/100 g.

Avocado-Mus wird in afrikanischen Ländern und Zentralamerika als ideale Milchentwöhnungsnahrung für Kleinkinder verwendet. Auch die Krebsforschung macht sich berechtigte Hoffnung, dass die Inhaltsstoffe der Avocado bei der Vorbeugung und scheinbar auch bei der Behandlung von Erkrankungen einen wertvollen Beitrag leisten können.

FÜR DIE SCHÖNHEIT

Die regenerativen Eigenschaften der Avocado wurden auch von der Naturkosmetik erkannt, einerseits wird sie als Pflege von innen, also durch Nahrungsaufnahme empfohlen, andererseits gibt es zahlreiche Körper- und Haarpflegeprodukte. Relativ einfach selbst herstellen kann man Peelings aus dem Kern der Avocado oder auch Gesichts- und Haarmasken.

Hier ein Rezeptvorschlag für eine Gesichtsmaske: 1 zerdrückte Avocado und – je nach persönlicher Vorliebe – Eigelb, Honig und Zitronensaft oder auch Joghurt, weiters Rosenwasser oder Orangenblütenwasser. Verwenden Sie, was Ihnen gut tut. Auftragen, 10–15 Minuten einwirken lassen und mit lauwarmem Wasser abwaschen.

Eine Avocado-Haarmaske ist nur bei sehr trockener Kopfhaut empfehlenswert, sie macht das Haar sehr schwer, es muss danach gründlich gewaschen werden.

Vielerorts wird auch empfohlen, den Avocadokern, zum Beispiel im Smoothie, mitzuessen. Er enthält mehr Ballaststoffe als Haferflocken und mehr Vitamine und Antioxidantien als viele andere Gemüse- und Obstsorten. Den Kern einfach von der Haut befreien, in Stücke schneiden und gemeinsam mit dem Fruchtfleisch der Avocado und den Zutaten Ihrer Wahl in den Mixer werfen. Vorsicht bei der Menge, die Kerne schmecken unterschiedlich bitter. Beginnen Sie mit einer kleinen Menge!

EIN AVOCADOBAUM FÜR ZUHAUSE

Der Avocadobaum kann sowohl im Topf als auch in einem Beet im Gewächshaus gezogen werden. Man steckt den Kern einer Avocado mit der runderen Seite nach unten etwa 2 bis 3 cm tief in torfhaltigen Boden. Der größere Teil ragt frei aus der Erde. Sobald der Keimling zu wachsen beginnt, spaltet sich der Kern und ein junger Trieb wächst heraus. Den Kern nicht entfernen, er vertrocknet langsam und fällt schließlich von selbst ab. Da die Avocado empfindlich gegen stehende Nässe und Salzanreicherung ist, nicht übergießen und zwischendurch immer wieder etwas austrocknen lassen und organischen Dünger verwenden. Ab September nicht mehr düngen, da der Baum sonst mit sehr dünnen Trieben weiterwachsen würde. Im Winter nur eine leichte Ballenfeuchtigkeit erhalten, diese ist aber wichtig, damit die Pflanze ihre Blätter behält.

In unseren Breiten ist die Avocado im Freien nur in den wärmsten Monaten an einem sonnigen und windgeschützten Platz kultivierbar. Im Glashaus verträgt sie auch im Sommer volle Sonne. Im Winter braucht die Pflanze einen hellen, nicht zu kühlen Standort, 15 °C sollten nicht unterschritten werden. Der in seiner Heimat bis 20 Meter hoch werdende Baum kann im Laufe der Jahre problemlos zurückgeschnitten werden. Er treibt dann aus den Blattachseln wieder aus und kann auch als Strauch gezogen werden.

Die Avocado kommt als Topfpflanze kaum zum Blühen, sie wird aber eine hübsche Blattpflanze. Um tatsächlich Avocados ernten zu können, braucht man, wie bereits erwähnt, mehrere Bäume verschiedener Gruppen.

Geradezu modern war es einige Zeit lang, den Kern an den Seiten leicht anzubohren, Zahnstocher in die Bohrlöcher zu stecken und ihn – ebenfalls mit der runden Seite nach unten – mit den Zahnstochern als Halte-

rung auf ein Wasserglas zu legen, sodass der runde Teil in die Flüssigkeit ragt. Der Kern spaltet sich in den nächsten Wochen, es wächst ein Trieb, und wenn er Wurzeln hat, kann man ihn in die Erde setzen, – aber auch hier nicht zu tief, die Hälfte des Kerns sollte frei liegen.

Ist die Zucht dann gelungen, sollte die Pflanze, so sie im Freien steht, nicht der direkten Sonne ausgesetzt werden, die Blätter »verbrennen« und werden braun. Im Winter braucht sie es hell und einen Standplatz, der sich nicht direkt über oder nahe bei einer Heizung befindet, weil sie dann zu schnell wächst. Das gleiche gilt natürlich auch für eine reine »Zimmeravocado«. Sie muss langsam wachsen, dann kann sie auch verholzen und bekommt keine »spindeligen«, dünnen Triebe. Geben Sie ihr normale Bio-Gartenerde und keinen Mineraldünger. Sie wird es Ihnen danken.

VOM DARLING DER MEDIEN INS KREUZFEUER DER KRITIK

»Wer hoch steigt, kann tief fallen«, ist ein altbekanntes Sprichwort. In den letzten 10 bis 15 Jahren stiegen Beliebt- und Bekanntheit der Avocado kontinuierlich an. Was sich jedoch in puncto Aufstieg der Avocado in den letzten 5 Jahren abgespielt hat, lässt sich kaum mehr mit rasant, sondern eher mit kometenhaft umschreiben. Verschiedene Faktoren trugen dazu bei, dass man in allen Medien Loblieder auf die grüne Frucht hören und lesen konnte. Die kulinarischen, gesundheitlichen und auch kosmetischen Vorzüge machten blind dafür, dass es sich um eine weit gereiste Exotin handelt, deren ökologischer Fußabdruck bei genauerer Betrachtung nicht zu dem ihr angedichteten Superfrucht-Image passt. Ich halte von beiden Extremen nichts. Die Avocado ist weder Heilsbringerin noch das personifizierte Böse. Natürlich sollte man aus ökologischen Gründen auf keinen Fall täglich zwei Avocados essen – aber man kann die Avocado genießen und als das betrachten, was sie ist: etwas Besonderes.

AVOCADO-HYPE

Ein Grund für die sich mit Lichtgeschwindigkeit verbreitende Beliebtheit der Avocado war, dass man sie in die Nähe der Superfoods rückte. Doch was steckt dahinter? Als Superfoods werden Nahrungsmittel (Früchte, Nüsse, Gemüse, Kräuter) bezeichnet, die über eine überdurchschnittlich hohe Konzentration an Nährstoffen (Vitamine, Mineralien, Spurenelemente, sekundäre Pflanzenstoffe, Antioxidantien) verfügen und damit einen besonders positiven Effekt auf das Immunsystem, das Allgemeinbefinden und eine hohe Heilwirkung haben (sollen). Der Begriff wurde von dem amerikanischen Rohkost- und Ernährungsspezialisten David Wolfe geprägt, der meinte: *»Superfoods are both – a food and a medicine.«* Welche Nahrungsmittel als Superfoods bezeichnet werden dürfen, ist jedoch nicht ganz eindeutig, da der Begriff keine wissenschaftliche Definition, sondern eher eine Marketingbezeichnung ist. David Wolfe definiert 2009 folgende Top-10 Superfoods: Goji-Beeren, Kakao, Maca, Bienenprodukte (Honig, Pollen, Propolis, Gelee Royal), Spirulina-Alge, Blau-grüne AFA-Alge, marines Phytoplankton, Aloe Vera, Hanfsamen und Kokosnussprodukte. Beginnt man zu recherchieren, findet man mittlerweile jedoch noch viele weitere Nahrungsmittel, die als Superfoods bezeichnet werden, etwa Chia-Samen,

Weizengras, Chlorella, Açai-Beere, Noni-Beere, Kurkuma, Lucuma, Zimt und eben auch die Avocado.

Ein weiterer Grund für den Hype ist der Trend zu veganer Ernährung. Vegan lebende Menschen pflegen einen besonders sensiblen Umgang mit der Nahrung, die sie zu sich nehmen, und den Produkten, die sie verwenden. Sie meiden entweder alle Nahrungsmittel tierischen Ursprungs oder die Nutzung von Tieren und tierischen Produkten insgesamt, das schließt auch Kleidung und andere Gegenstände des Alltags mit ein, diese sollen frei von Tierprodukten und ohne Tierversuche hergestellt sein. Für die vegane Küche ist die Avocado demnach eine äußerst wichtige Zutat, kann man mit ihr doch Eier und Butter ersetzen und so unter anderem auch Kuchen oder andere Desserts herstellen. Die Zahl vegan lebender Menschen wächst stetig, vor allem unter jungen Menschen weiblichen Geschlechts. Sie beläuft sich in Österreich auf knapp unter 1 Prozent, also in etwa 80.000, in Deutschland ernähren sich rund 1 Million Menschen vegan (und 7,8 Millionen Menschen vegetarisch). Auch in der Schweiz sind die Zahlen ähnlich, die *Vegane Gesellschaft Schweiz* schätzt, dass aktuell rund 1 Prozent der Schweizer Bevölkerung vegan lebt. Der Trend geht in allen drei Ländern hin zu fleischärmerer oder fleischloser Ernährung, aber lassen wir uns nicht täuschen – der Fleischkonsum ist nach wie vor enorm hoch.

DIE AVOCADO IN ZAHLEN

Nach Deutschland wurden im Jahr 2010 28.000 Tonnen Avocados eingeführt, 2015 waren es bereits 45.000 Tonnen. In Österreich stieg die Importmenge in den letzten 5 Jahren ebenfalls markant an, 2015 waren es

5.810 Tonnen im Wert von 16,4 Millionen Euro, die ins Land kamen, 2010 hingegen noch 3.063 Tonnen. Im internationalen Vergleich, etwa mit den US-Amerikanern oder den Mexikanern, sind diese Zahlen »harmlos« und es gibt – in den Augen der Hersteller – noch viel Luft nach oben.

Die grüne Frucht ist mittlerweile das ganze Jahr über erhältlich, im Winter kommt sie zu uns hauptsächlich aus Chile, aber auch aus Mexiko, Brasilien und Spanien, im Sommer aus Südafrika, Peru, Kenia. Die Hauptsaison für Avocados beginnt im August und geht bis Mai. Das beste Aroma weisen die Herbstfrüchte auf.

Top-Produzenten in Tonnen (Quelle FAO, Jahr 2013)
Mexiko: 1.467.837 (zum Vergleich: 2004 waren es 987.000, 1994 800.000 Tonnen)
Dominikanische Republik: 387.546
Kolumbien: 303.340
Peru: 288.387
Indonesien: 276.311
Kenia: 191.505
USA: 175.226
Chile: 164,750
Brasilien: 157.482
Ruanda: 148.823

Europäische Produzenten wie Spanien, Portugal und Griechenland liefern geringere Mengen, Spanien führt mit 70.000 Tonnen. Auch Israel ist ein wichtiger Produzent.

DER AUFBAU DER MARKE AVOCADO

Der Boom kam weder über Nacht noch von allein, und vor allem kam er aus den USA. Die Amerikaner mussten erst darüber aufgeklärt werden, wie und in welchem Zustand man eine Avocado isst und dass ihr fetthaltiges Fruchtfleisch nicht gleichzeitig fett macht – das Gegenteil ist der Fall.

Im Jahr 1927 setzte die *California Avocado Growers Exchange* den heute bekannten Namen für die Frucht fest und hob das Importverbot aus Mexiko auf. Dadurch und durch die steigende Anzahl von Einwanderern aus Mexiko, die ihre Esskultur mitbrachten, wurde die Avocado in den Vereinigten Staaten langsam populärer. Aber sie blieb ein Luxusprodukt, da die Anbaumenge gering und der Preis hoch war.

Im Jahr 1992 startete eine über viele Jahre geführte PR- und Werbekampagne: Man erfand *Mr. Ripe Guy*, einen Mann im Ganzkörper-Avocadokostüm, der einen avocadofarbenen Mazda fuhr und einen Korb voll mit Avocados brachte. Fernsehspots zur Bewerbung der *Californian Avocado* mit Angie Dickinson in der Ästhetik der frühen James-Bond-Filme zeigten die Schauspielerin im engen weißen Trikot und mit endlos langen Beinen, die in hochhackigen goldenen Sandalen mündeten. Sie löffelte sinnlich eine halbe Avocado, während sie die darin enthaltenen gesunden Nährstoffe aufzählte. Ihre abschließende Frage: »*Would this body lie to you?*« ließ ein Ja nicht im Entferntesten zu (YouTube!). Dass man sich die teuerste Werbezeit leistete, die es in den USA gibt, nämlich die während der Superbowl, lässt erahnen, wie viel Geld im Spiel war.

DIE FOLGEN DES BOOMS

Bereits 2015, aber wesentlich vehementer im Jahr 2016, begannen sich Medienberichte zu häufen, die von den negativen Folgen des Avocado-Booms berichteten. So titelte die englische Zeitung *The Guardian* im Juni 2016: »Avocado-Knappheit befeuert Verbrechenswelle in Neuseeland.« Der gestiegene Verbrauch, kombiniert mit

einem Ernteausfall im Jahr 2015, führte zur Verdoppelung des Preises der grünen Frucht und schließlich dazu, dass es immer öfter zu Großdiebstählen und einem boomenden Schwarzmarkt kam. Das Thema wurde immerhin auch von der *dpa*, der Deutschen Presse-Agentur, aufgegriffen und auch auf *orf.at* konnte man darüber lesen. Bereits im Jänner 2016 informierte *The Guardian* über die extrem hohen Avocado-Preise in Australien, da starke Regenfälle die Ernte zum Stillstand gebracht hatten.

Breiten Niederschlag in fast allen Medien fand im Sommer 2016 das Thema der grassierenden Abholzung in Mexiko. War die Avocado über viele Jahre ein Anbauprodukt, das die Diversität angebauter Pflanzen förderte und auch kleineren mexikanischen Bauern ein Auskommen sicherte, drehte sich der Spieß vor einigen Jahren um in Richtung Kommerzialisierung. Pro Jahr werden 1500 bis 4000 Hektar Wald gerodet, um Platz für Avocado-Plantagen zu machen. Außerdem kommen vermehrt Pestizide zum Einsatz, die das Trinkwasser verschmutzen.

Zwischen den Jahren 2000 und 2010 vergrößerte sich die Anbaufläche in Mexiko von 95.000 Hektar auf mehr als 134.000 Hektar. Die mexikanischen Behörden gehen bereits dagegen vor, verhaften etwa Menschen, die Avocado-Plantagen auf illegal gerodeten Flächen anlegen wollen, oder schließen ganze Plantagen, berichtet etwa *Der Spiegel* Ende August 2016. Auch das soziale Gefüge sei gefährdet, denn in Mexiko gehören 80 Prozent der Wälder Dorfgemeinschaften. Die Bewohner verwalten das Land gemeinsam, bestellen es aber individuell. Werde das Land also an mächtige Agrarunternehmer verkauft, löse sich das Gefüge auf, so ein Mitglied einer mexikanischen Umweltorganisation.

DER WASSERVERBRAUCH

Mit den immer größer werdenden Anbauflächen wird auch ein anderes Problem virulent. Die grundsätzlich pflegeleichte Pflanze braucht nämlich viel – sogar sehr viel – Wasser, um zu wachsen. Kein Wunder, kommt sie doch ursprünglich aus tropischen und subtropischen Klimazonen. Für die Produktion von 1 Kilogramm Avocados braucht man je nach Sorte 500–1100 Liter Wasser. Im Vergleich dazu brauchen Bananen 896 Liter, Äpfel 630 Liter, Weintrauben 590 Liter, Orangen 416 Liter, Bohnen 324 Liter und Tomaten 182 Liter.

Das »grüne Gold« ist also durstig. Vielleicht ahnten die Azteken, wie zwiespältig die Kultivierung dieser Frucht einst sein würde, und widmeten dem Mais sicherheitshalber drei Gottheiten, der Avocado aber keine einzige.

WAS DER EIERLIKÖR MIT DER AVOCADO ZU TUN HAT

So manches Verwandtschaftsverhältnis ist etwas verworren, diese Ur-Vaterschaft klingt jedoch sehr plausibel: Im 17. Jahrhundert entdeckten niederländische Eroberer bei den indigenen Bewohnern des Amazonasgebiets ein köstliches alkoholhaltiges Erfrischungsgetränk namens *Abacate* (portugiesisch für Avocado). Es bestand aus Avocados, Rohrzucker und Rum.

Die Niederländer, die von 1630 bis 1654 die Kolonialmacht im Nordosten Brasiliens waren (Niederländisch-Brasilien, auch Neu-Holland genannt, umfasste Teilbereiche des bereits von den Portugiesen kolonisierten Landes), nannten es *Advocaat* und importierten sowohl Rezept als auch Avocadobaum nach Europa. Leider sagten der Pflanze weder Klima noch Fortpflanzungsmöglichkeiten zu und sie gedieh nicht. Man musste sich also nach einem Ersatz für das gelbe, buttrige Fruchtfleisch der Avocado umsehen. Ein findiger Mann aus Antwerpen hatte die Idee: Er ersetzte die Avocados durch Eigelb – quasi eine umgekehrt-vegane »Ersatz-Handlung«. Eventuell nahm er Anleihe beim mexikanischen *Rompope*, einem Getränk aus Eiern, Milch, Vanille und Rum, das in Mexiko seit dem 17. Jahrhundert in Puebla im Convento de Santa Clara zubereitet wurde.

Der Mann hieß Eugen Verpoorten, er entwickelte eine spezielle Rezeptur und gründete im Jahr 1876 seine Firma gleichen Namens. Bis heute assoziiert man mit dem Namen *Advocaat* jedenfalls Eierlikör. Enthalten sind Eigelb, Zucker oder Honig, Brandy, Vanille, manchmal Schlagobers/-sahne. Der mit der Zeit aus der Mode gekommene Eierlikör erfreute sich in den 1960er- und 70er-Jahren allergrößter Beliebtheit. Beredtes Zeugnis davon ist ein Werbespot aus dieser Zeit, in dem der damalige Superstar Peter Kraus sang. Unter dem Titel »Ei, Ei, Ei Verpoorten, ob hier und allerorten« kann man die Werbung immer noch auf YouTube finden. Ein Kleinod!

DIE AVOCADO IN DER KUNST

Gegenstand der Malerei wurde die Avocado mehrfach bei Georgia O'Keeffe, einer der wichtigsten und prägendsten amerikanischen Malerinnen des 20. Jahrhunderts. Die 1887 in Wisconsin geborene O'Keeffe wurde 98 Jahre alt und hinterließ ein breites Oeuvre, das in Europa relativ selten zu sehen ist. In den 1910er-Jahren fiel sie durch abstrakte Arbeiten auf, es folgten in den 1920ern (revolutionierende) Gemälde von Blumen und Naturformationen und später ihre berühmten Stadtansichten New Yorks. Die karge Landschaft New Mexicos, wo die Künstlerin lange Zeit auch lebte, hatte es ihr angetan, die dort typische Architektur, Landschaft sowie Stillleben mit Tierschädeln hielt sie in großformatigen Arbeiten fest.

In ihrer Heimat, den Vereinigten Staaten von Amerika, ist O'Keeffe eine nationale Legende. Ihr Aufbruch in den seinerzeit noch unberührten amerikanischen Westen und ihr unabhängiges Leben in der kargen Wüstenlandschaft New Mexicos stehen quasi prototypisch für die amerikanische Nation.

Aber sie ist nicht nur eine Kulturikone (zum Teil auch durch ihre Ehe mit Alfred Stieglitz), sondern auch ein Sinnbild weiblicher Emanzipation; durch ihr Leben und ihr Schaffen beeinflusste sie nachfolgende Künstlerinnen-Generationen maßgeblich und wurde zur wegweisenden Pionierin.

Anfang der 1920er-Jahre entstand, in einer Reihe moderner Stillleben, das Bild *Alligator Pears in a Basket*, eine Kohlezeichnung, die fünf kleine, runde Avocados in einem Korb mit Henkel zeigt. O'Keeffe abstrahierte Korb und Früchte stark, eliminierte Details wie Farbe, Struktur und Umgebung. Der Blick des Betrachters wird ganz auf das Formenspiel in Schwarz-Weiß gelenkt. Georgia O'Keeffe malte mehrere Versionen dieses Bildes, davon eine in Farbe.

Ähnlich in seiner Reduziertheit ist das zweite Avocado-Bild, das ich hier vorstellen möchte (Pastell auf Papier, 30,5 x 25,4 cm). Es stammt aus dem Jahr 1923 und zeigt eine einzelne Avocado von hauptsächlich schwarzer Farbe mit grünen Einsprengseln. Man sieht einen Lichtreflex auf der glatten Schale, der Stielansatz ist entfernt. Die Frucht liegt auf einem weißen, glatten Untergrund, auf dem sich das Spiegelbild leicht verlaufend, aber dennoch gut sichtbar abzeichnet. Auch die Wand dahinter ist weiß, man sieht nur den Schatten, den die Frucht wirft. Der Fokus des Betrachters ist daher ganz auf die dunkle, runde Frucht gerichtet.

Das dritte, weitaus bekanntere Bild (Öl auf Leinwand, 30,2 x 25,1 cm) erzeugt einen völlig anderen Eindruck. Es ist strahlend grün, genauer gesagt handelt es sich um etwa 30 verschiedene Grüntöne, die an einigen Stellen auch ins Gelbliche gehen. Die Struktur des Leinenmaterials, auf dem es gemalt wurde, ist deutlich zu erkennen. Dargestellt werden zwei Avocados auf einem abstrakten grünen Untergrund, der an den Enden ins Weißliche übergeht. Die Früchte schmiegen sich förmlich in ihre faltige Umgebung. Trotz der »gleichen« Farbe sind die verschiedenen Grüntöne von Früchten versus Untergrund eindeutig zu unterscheiden.

Nicht so berühmt wie die großen Blüten- und Landschaftsbilder handelt es sich dennoch um sehr intime, stilistisch unterschiedliche Studien der exotischen Frucht, durch die O'Keeffe die Avocado adelte.

PRAKTISCHE TIPPS ZUM UMGANG MIT AVOCADOS

Der Einkauf

ist eigentlich der schwierigste Teil bei der ansonsten so leicht zu handhabenden Frucht, weil die Qualität oft mangelhaft ist. Ich empfehle grundsätzlich den Kauf von Bio-Avocados. Der ökologische Fußabdruck verbessert sich dadurch ein bisschen, die weite Anreise und der hohe Wasserverbrauch der Frucht ändern sich natürlich nicht.

Beachten Sie beim Kauf Haut, Konsistenz und den Stielansatz, nehmen Sie die Avocado vorsichtig in die Hand und tasten Sie, ob sie hart oder weich ist. Wenn man unsicher ist, ob die Avocado reif ist, kann man den Stielansatz entfernen. Die Farbe des Fruchtfleisches darunter verrät den Reifegrad. Ist es grün, ist die Frucht noch nicht reif, ist es dunkelbraun, ist sie überreif und ist sie gelblich, ist die Avocado genau richtig. Der Stielansatz wird oft als Erstes schimmelig, dann natürlich: Finger weg!

Bei der Sorte Hass erkennen Sie den Reifegrad auch an der Farbe der Schale. Im unreifen Zustand ist die

Frucht hart und dunkelgrün, mit zunehmender Reife färbt sie sich dann immer mehr in Richtung schwarz. Kaufen Sie niemals Avocados mit bereits schwarzer Haut, denn sie wissen nicht, wie lange die Frucht schon total reif ist. Ideal ist ein (im Licht betrachtet) violett schimmernder Farbton.

Kaufen Sie Avocados, wenn die Früchte noch hart und makellos sind, und lassen Sie sie in Ruhe zuhause nachreifen, was recht zügig vorangeht. Damit vermeiden Sie den Erwerb von Früchten, an denen bereits viele andere Käufer herumgedrückt haben (erkennbar an braunen Druckstellen). Beschleunigen kann man den Reifevorgang durch den alten Trick, die Avocado gemeinsam mit einem Apfel in eine Papiertüte zu legen, verlangsamen lässt er sich durch die Aufbewahrung im Kühlschrank (siehe Lagerung).

Falls Sie einmal kurzfristig Avocados brauchen, gehen Sie am besten auf einen Markt, der Umgang der Händler mit ihrer Ware ist vorsichtiger als der in Supermärkten, außerdem achtet jeder Markthändler in seinem eigenen Interesse darauf, dass seine Ware nicht zu sehr gedrückt wird. Lassen Sie sich am besten von ihm beraten, er kennt seine Ware. Über Nacht werden Avocados sowohl im Supermarkt als auch bei Markthändlern bei ca. 6 °C gelagert.

Die Qualität der derzeit überall angebotenen »reifen Früchte« in Supermärkten ist höchst unterschiedlich, ich kann sie leider nicht uneingeschränkt empfehlen. Aber wenn es nicht anders geht – man kann auch Glück haben!

Lagerung/Verzehr

Lagern können Sie die in unseren Breiten erhältlichen Avocados im Kühlschrank, sowohl reife als auch unreife, da diese selbst in ihrer Heimat bei kühleren Temperaturen gedeihen. Vor allem wenn die Früchte bereits einen höheren Reifegrad erreicht haben, ist dies eine wirklich gute Methode, um sie einige Tage länger verwenden zu können. Aber auch im Kühlschrank schreitet der Reifevorgang voran, wenn auch langsamer. Man sieht es den Früchten äußerlich nicht an und überschreitet dadurch oft den richtigen Moment. Wilde Sorten aus Afrika oder aus den Tropen sind hingegen keine kühleren Temperaturen gewohnt, die bekommt man in unseren Breiten aber ohnehin selten.

Reifende Avocados setzen (so wie Äpfel und Birnen) während der Lagerung Ethen (= Äthen, Ethylen oder Äthylen) frei, ein Gas, das auch die Reifung anderer Früchte extrem beschleunigt. Deshalb ist es ratsam, sie getrennt von anderen Früchten aufzubewahren.

Oxidation

findet statt, sobald eine Avocado aufgeschnitten wird – das Fruchtfleisch verfärbt sich graubraun. Der Vorgang wird durch Zitronen- oder Limettensaft verlangsamt, kann aber nicht aufgehalten werden, auch nicht durch das Hineinstecken des Kerns in die Avocadomasse, wie man immer wieder liest.

Einfrieren von Avocado-Speisen

Fertige Avocadopasten/-aufstriche können problemlos ohne Geschmacksverlust oder Verfärbung eingefroren werden. Ich war selbst überrascht, wie gut das funktioniert. Die Farbe war nach dem Auftauen immer noch strahlend hellgrün, der Geschmack unverfälscht und immer noch spritzig, die Konsistenz wie davor. Nicht empfehlen kann ich das Einfrieren von Avocado-Terrinen, sie verlieren in jeder Hinsicht, die enthaltene Gelatine löst sich auf.

Einfrieren von ganzen Früchten

Negativ! Die bereits zum Zeitpunkt des Einfrierens sehr reife Frucht war nach dem Auftauen völliger Matsch.

Allergien

Wenn Sie unter einer Histamin-Unverträglichkeit leiden, sollten Sie auf Avocados ganz verzichten. Ebenso wie Spinat, Melanzani/Auberginen, Tomaten oder ganz besonders Sauerkraut haben sie relativ hohe Histaminwerte.

Avocados und Tiere

Tiere sollten nicht mit den Früchten gefüttert werden, im Extremfall kann das sogar tödlich enden. Für Katzen, die reine Fleischesser sind, ist das in Avocados enthaltene Persin (für Menschen ungefährlich) bereits in kleinsten Mengen gefährlich. Selbst das Lecken an der Frucht oder ein winziger Bissen können tödlich sein, insbesondere Kern und Schale enthalten eine größere Menge dieses giftigen Stoffs, das Fruchtfleisch selbst enthält sehr wenig. Auch die Avocadopflanze ist hochgiftig für Katzen.

Auch Hunde sollten weder den Kern (das Verschlucken kann außerdem zu Darmverschluss führen) noch ganze Avocados fressen, eine kleine Menge des Fruchtfleisches ab und zu ist aber in Ordnung.

Vögel, Ziegen, Pferde und Hasen reagieren ebenfalls hochempfindlich auf Avocados, vor allem auf die Blätter des Baums und auf die Schale der Früchte.

DIE IDEALEN PARTNER DER AVOCADO

Dominante Partnerin ist sie keine, die Avocado. Der Geschmack und die Qualität, die sie in kulinarische Partnerschaften einbringt, sind geprägt von ihrem hohen Gehalt an wertvollem Öl. Sie ist vielmehr ein Medium, eine Trägerin und Vermittlerin, gibt den Speisen eine cremige Textur, eine saftige, manchmal auch feuchte Note. Sie ist anpassungsfähig, lässt sich daher vielfach kombinieren und eignet sich besonders gut für Saucen und Dips. Ihr zarter, nussiger Geschmack mit einer gewissen Butternote macht sie auch ideal für Füllungen. Kocht man sie, wird sie bitter, daher zu Suppen immer erst am Schluss beigeben, kurz angebraten oder gegrillt schmeckt sie jedoch fein und kann ihr Aroma gut entfalten. In Salaten schafft sie eine mollige Konsistenz, verfeinert diese und harmoniert wunderbar mit Früchten.

Hier eine Liste der gut geeigneten Partner für die Avocado:

Fisch und Meeresfrüchte: Die geradezu ideale Kombination, egal welche Art von Fisch, ob roh, geräuchert oder sogar aus der Dose stammend. Vermutlich ist dies auch die am längsten bekannte Kombination, wie der bereits seit den 1960er-Jahren begehrte Shrimps-Cocktail mit Avocados belegt.

Fleisch: Es eignen sich helle Fleischarten, allen voran Hühnerfleisch, auch Pute, Lungenbraten/Filet vom Schwein.

Schaf- und Ziegenkäse: In Sandwiches, Toasts oder Salaten, etwas geschmolzen oder gratiniert, geben sie der Avocado, was ihr fehlt – eine salzige, würzige Note.

Gemüse: Wunderbar passen Rote Rüben/Rote Beten, Melanzani/Auberginen, Kartoffeln, Süßkartoffeln, Mais, Tomaten, rote Zwiebeln, Schalotten.

Früchte und Beeren: Ebenso wie Fisch eine ideale und lang bekannte Kombination, die wir aus der karibischen Küche übernommen haben. Der Vielfalt sind hier kaum Grenzen gesetzt. Die Avocado harmoniert unter anderem mit Bananen, Zitrusfrüchten (vor allem Zitronen, Limetten, Orangen und Mandarinen), Ananas, Datteln, Melonen, Papayas.

Zwischen Gemüse und Gewürz: Kren/Meerrettich als Sparring-Partner der Avocado mag im ersten Moment sonderbar klingen. Er ergänzt die Avocado aber geradezu ideal als Paste zu gegrilltem Gemüse oder Fleisch.

Kräuter: Koriander (klassisch!), aber auch Petersilie und Minze sind geniale Gegenspieler, ebenso passen Kerbel und Estragon, aber auch Schnittlauch setzt feine Akzente zum zarten Geschmack der Avocado. Und auch zur Kresse passt sie gut, sie erdet die Avocado.

Nüsse, Samen etc.: Sesam, Walnüsse, Maronen, Kürbis- und Pinienkerne, Cashews (sind keine Nüsse) – eigentlich harmonieren alle Nussarten mit dem ebenfalls leicht nussigen Eigengeschmack der Frucht.

Zu guter Letzt: das Ei (siehe Rezept S. 50)!

REZEPTE

SMOOTHIES

Smoothies sollen gemäß ihrer Wortbedeutung vor allem eines sein: sanft, weich, glatt und geschmeidig, aber gerade bei grünen Smoothies ist das oft eine ziemliche Herausforderung. Kein Wunder, dass die Avocado da besonders gut passt. Das richtige Mengenverhältnis sollte 40 Prozent Pflanzengrün mit etwa 60 Prozent Früchten sein. Das Pflanzengrün stammt von Blättern, Kräutern und Gräsern wie zum Beispiel Spinat, Mangold, Grünkohl, Salat, Portulak, Pfefferminze oder sogar jungen Fichtennadeln. Lassen Sie Ihrer Fantasie freien Lauf, kombinieren Sie die Avocado mit Früchten wie Ananas, Mango, Banane, Orange, Waldbeeren, Melonen. Wichtig ist es, einen starken Mixer zu verwenden, denn nur so werden alle Faserstoffe wirklich fein püriert und verbinden sich perfekt.

Avocado-Matcha-Smoothie

Matcha, vor allem seine Konsistenz und seine Farbe, sind faszinierend. Es handelt sich um feinst gemahlenen grünen Tee (Tencha) von einem fast unwirklich schönen Grünton. Matcha ist Teil der japanischen Teezeremonie.

Für 2 Portionen
½ Mango, 1 TL Matcha, 250 ml kalte Mandelmilch, ½ Avocado, ½ Vanilleschote, Agavendicksaft oder Honig

Mangofleisch in grobe Stücke schneiden und pürieren. Das Püree auf zwei Gläser verteilen. Matcha in den Mixbecher sieben, dann Mandelmilch, Avocado und das Mark der Vanilleschote hinzufügen und alles gut pürieren, eventuell süßen. Auf die beiden Gläser mit dem Mangopüree verteilen und die beiden Schichten mit einem langen Löffel leicht durchmischen. Auch optisch ein Genuss!

Avocado-Spinat-Smoothie

Für 2 Portionen
1 große Handvoll Spinat, 2 große Orangen, 2 Scheiben getrocknete Ananas, ½ Avocado, etwas frisch geriebener Ingwer, Schuss Zitrone, 400 ml Wasser

Spinat gut waschen und abtropfen lassen, währenddessen die Orangen schälen und zusammen mit der klein geschnittenen Ananas, der grob zerteilten Avocado, dem Spinat, dem Ingwer und ein bisschen Zitronensaft in den Mixer geben. Zuletzt mit Wasser auffüllen und mixen.

AUFSTRICHE – PASTEN – DIPS

Guacamole

Guacamole ist sakrosankt, nicht alles darf hinein. Beweis dafür ist ein im Juli 2015 in der *New York Times* veröffentlichtes Guacamole-Rezept mit Erbsen, das zu einer nationalen Entrüstung in den USA führte. Die texanische Regierung sah das Rezept als »Kriegserklärung« an und selbst Präsident Obama schaltete sich via Twitter ein: »Erbsen in der Guacamole kaufe ich der Zeitung nicht ab!«

Nehmen Sie sich für eine gute Guacamole Zeit! Die Zubereitung einer anständigen Menge dauert ungefähr 1 Stunde, die Zutaten sollten fein geschnitten sein und vor allem ist das Abschmecken essentieller Teil des späteren göttlichen Genusses … *divino*, wie die Lateinamerikaner sagen.

Für 6 Portionen als Dip
4 große Avocados, Saft von 1–2 Limetten (auch Zitronen sind möglich, verändern aber den Geschmack), 4 Jungzwiebeln (können auch andere geschmacklich nicht zu dominante sein), 3 Tomaten (entkernt, sonst wird die Guacamole zu wässrig), viel Salz, viel frisch gemahlener Pfeffer, frischer Chili oder Tabasco (je nach Vorliebe), kleine Menge Koriander oder Petersilie (ein bisschen Dunkelgrün im Hellgrün ist schön), 2 EL Sauerrahm/Saure Sahne

Avocados schälen, in Stücken in eine große Schüssel geben und sofort großzügig mit Limetten- oder Zitronensaft beträufeln, mit einer Gabel zerdrücken, eventuell auch gleich salzen.

Zwiebeln fein hacken, Tomatenfleisch in kleine Stückchen schneiden. Chili fein hacken oder getrockneten Chili aus der Mühle verwenden. Koriander/Petersilie fein hacken.

Das möglichst feine Hacken der Zutaten ist wichtig, denn es soll (vor allem wenn man ohne Mixer arbeitet, was ich bevorzuge) eine homogene Masse entstehen, wenn man die Zutaten vermischt.

Sauerrahm gibt es in Mexiko gar nicht. Der Tipp, etwas davon zur Guacamole zu geben, stammt dennoch von einem mexikanischen Gastprofessor, bei dem ich an der Uni Wien ein Literaturseminar besuchte. Er nahm uns unter anderem auf ein Fest in der mexikanischen Botschaft mit, wo wir erfuhren, wie intensiv die Geschmäcker in Mexiko sind: extrem scharf, salzig, würzig ... sowohl Speisen wie Getränke brennen – *pica!*

Tipp: Nie den gesamten Limettensaft auf einmal in die Avocado-Masse geben. Die Zutaten schmecken unterschiedlich intensiv und der Säuregehalt sollte harmonisch sein. Also: Nach und nach hinzufügen und zwischendurch kosten. *Gewürzvarianten:* Kreuzkümmel, Curry oder Knoblauch.

Auch die meisten Kinder lieben Guacamole, wenn kein Chili drin ist. Auch milde Guacamole schmeckt köstlich.

Cremiger Melanzani-Avocado-Aufstrich

Ein Besuch bei dem sehr empfehlenswerten griechischen Feinkostgeschäft in der Praterstraße inspirierte mich zu diesem Rezept. Man bekommt dort einen köstlichen griechischen Melanzani-Salat.

Das Rezept eignet sich als Aufstrich, zu Ofenkartoffeln oder auch als Dip. Schmeckt herrlich auf gegrilltem Toskana-Brot (im Backofen mit Olivenöl), passt aber auch zu getoastetem Schwarzbrot.

Für 6 Portionen als Dip
2 mittelgroße Melanzani/Auberginen, 1 gehackte Schalotte, 1–2 gehackte Knoblauchzehen, 1 große Avocado, 1 TL gemahlener Kreuzkümmel, 4 getrocknete Tomaten, ½ Bund Koriander, 2 EL Zitronen- oder Limettensaft, gemahlene Senfkörner, kleine Menge frisch geriebener Ingwer, Salz, gemahlener Pfeffer, Olivenöl

Den Backofen auf ca. 200 °C vorheizen und die ganzen Melanzani darin 45 Minuten garen, bis das Fruchtfleisch eine weiche Konsistenz hat und sich die Haut wellt und ablöst. Abkühlen lassen! Danach die Spitze abschneiden und die Haut abziehen.

Schalotten und Knoblauch fein hacken. Die gehäutete, abgekühlte Melanzani grob zerdrücken, ebenso das Avocadofleisch, Kreuzkümmel dazugeben und die abgekühlten Zutaten in einer Küchenmaschine gut mixen, bis eine cremige Konsistenz erreicht ist.

Die getrockneten Tomaten fein hacken, ebenso den Koriander. Mit Zitronensaft und den Gewürzen gut abschmecken.

Für eine festere Konsistenz können Sie auch 2 Handvoll gekochter Kichererbsen hinzufügen.

Avocado-Sesam-Curry-Paste

Eine sehr erfreuliche Kombination, die gut zu gebratenen Hühnerfilets, Fisch oder zu rohem Gemüse passt.

Für 6 Portionen als Dip
50 g Sesam, 1 Limette (möglichst mit unbehandelter Schale), 2 Avocados, 2 TL mittelscharfer Curry, ½ TL Chilipulver, 1 TL Agavensirup (oder Zucker/Ahornsirup), 2 EL Sauerrahm/Saure Sahne

Sesam ohne Fett langsam, bei mittlerer Hitze und unter ständigem Rütteln der Pfanne rösten, bis er duftet. Limette heiß waschen, Schale abreiben, Saft auspressen. Avocadofleisch in Stücke schneiden und mit allen Zutaten vermischen, bis eine cremige Paste entsteht.

Durch die Zugabe von mehr Sauerrahm können Sie die Konsistenz etwas flüssiger machen.

Avocadosuppe

Avocadosuppe ist in Lateinamerika von Mexiko bis zum südlichsten Punkt von Chile populär – und alle Variationen schmecken köstlich, ob heiß oder gekühlt. Die hellgrüne Farbe und der zarte Geschmack sind verführerisch und die einfachsten Rezepte oft die besten.

Minimalvariante für 6 kleine Portionen/Gläser
2 Avocados, 1 l Hühnersuppe, 1 kleiner Becher Crème fraîche, Salz, Koriander, Mais-Chips

Lieblingsvariante für 8 kleine Portionen/Gläser
1 kleine Zwiebel, 1 Kartoffel (100 g), 1 eher säuerlicher Apfel (alternativ oder je nach Saison 1 Quitte oder exotische Frucht), 1 EL Öl, ½ klein geschnittene Zucchini, 50 g Erbsen, 1 l Gemüsesuppe, 100 ml Kokosmilch, 2 Zweige Minze oder Zitronenmelisse, 2 Limetten (Schale zum Verzehr geeignet), 1½ sehr reife Avocados, Salz, Pfeffer, etwas Chiliöl (oder -pulver), rosa Pfefferbeeren

Die Zwiebel fein hacken. Die Kartoffel und den Apfel schälen und in kleine Würfel schneiden. Etwas Öl in einem Topf erhitzen, zuerst die Zwiebel darin glasig andünsten, dann nacheinander Kartoffelwürfel, Apfel, Zucchini und Erbsen dazugeben und kurz dünsten, schließlich mit der Gemüsebrühe aufgießen. Die Kokosmilch und einen Teil der Minzblätter dazugeben und die Suppe etwa 15 Minuten köcheln lassen.

In der Zwischenzeit die Schale einer Limette abreiben und den Saft auspressen.

Wenn die Suppe abgekühlt ist, das in kleine Würfel geschnittene Avocadofleisch hinzufügen und alle Zutaten fein pürieren.

Zum Schluss mit der Limettenschale, dem Limettensaft, Pfeffer, Salz und Chili abschmecken.

Wenn Sie eine feine Konsistenz bevorzugen, die Suppe vor dem Servieren durch ein Sieb gießen, in kleinen Schälchen anrichten und mit Limettenscheiben, rosa Pfefferbeeren und Minzblättchen garnieren.

Dazu passen Maischips und Garnelenspießchen.

Wir haben diese köstliche Avocado-Suppe bisher immer kalt gegessen, sie schmeckt aber auch warm. Und wir haben die Erfahrung gemacht, dass die Suppe auch Menschen schmeckt, die von sich sagen, dass sie keine Avocados mögen. Die Aromen der Zutaten verbinden sich wunderbar, der Apfel passt ganz fantastisch zur Avocado und durch die Limette und die Minze schmeckt die Suppe herrlich frisch.

Avocadoterrine

Diese Terrine hat einen sehr feinen, zarten Geschmack, man kann sie daher wunderbar kombinieren. Sie lässt etwa geräuchertem Forellenfilet seinen Raum oder gebratenen Garnelen, schmeckt aber auch rein vegetarisch herrlich zu Salat und Tomaten.

Für 8–10 Portionen
4 Blätter weiße Gelatine, 1 kleine Knoblauchzehe (optional), 60 g rote Zwiebel, Olivenöl, 80 ml trockener Sherry, 2 größere Avocados, Zitronen- oder Limettensaft, 175 g Ziegenfrischkäse, ½ TL gemahlene Koriandersamen (eventuell die Samen vor dem Mörsern leicht rösten), Salz, frisch gemahlener Pfeffer und gemahlener Chili, Friséesalat, Cocktailtomaten

Gelatine in kaltem Wasser einweichen. Knoblauch und Zwiebel fein schneiden, in Olivenöl glasig dünsten. Mit Sherry ablöschen und bei mittlerer Hitze auf ein Viertel der Menge einkochen lassen.

Die Avocados in Stücken, beträufelt mit Zitronensaft, die Zitronenmelissenblätter, grob geschnitten, den Ziegenfrischkäse und die Sherry-Zwiebeln in den Mixer geben. Alles pürieren, bis eine homogene Masse entsteht. Danach mit Koriander, Salz, Pfeffer, Chiliflocken gut würzen, eventuell Zitronen- oder Limettensaft hinzufügen, bis der gewünschte Geschmack da ist. Nun die Gelatineblätter aus dem kalten Wasser nehmen, leicht ausdrücken und in einem kleinen Topf unter Rühren auflösen (ich mache das über einem Wasserbad, es funktioniert aber auch am Herd) und danach zur Terrinenmasse geben und noch einmal durchmixen. Anschließend gleich in die mit Klarsichtfolie ausgelegte Form gießen (entweder eine große Terrinenform oder einzelne kleine Förmchen). Dann mit Folie oder dem Terrinendeckel abdecken und gute 5 Stunden kalt stellen (kann auch über Nacht im Kühlschrank stehen).

Auf einem leicht marinierten Salatbett mit fruchtigen kleinen Tomaten anrichten. Dazu passen diverse kalte oder warme Fischvariationen sehr gut.

Frisches Lachstatar auf Avocadomousse

Ein typisch karibisches Rezept aus Antigua. Es besticht durch Einfachheit und lebt von den frischen Zutaten. Die großen, kerzengeraden karibischen Avocados, in der Gegend bekannt unter dem etwas verwirrenden Namen *Pears*, also Birnen, schmecken traumhaft.

Für 2 Portionen
1 große Avocado, Saft einer halben Zitrone, Olivenöl, Salz, Pfeffer zum Abschmecken, 170 g frischer Lachs, 2 TL Dill, 1 TL Sauerrahm/Saure Sahne, ½ TL Senf
Garnitur: Gurkenscheiben, Cocktailtomaten, schwarze Oliven

Avocado schälen, entkernen, mit einer Gabel zerkleinern und mit dem Zitronensaft, Olivenöl, Salz und Pfeffer vermischen und zu einer feinen Mousse vermengen. Den Lachs in schmale Streifen schneiden, die übrigen Zutaten gut vermischen und unter die Lachsstreifen mischen.

Füllen Sie zuerst die Avocadomousse in ein Martini-Glas, sodass es den Grund des Glases wunderbar grün färbt. Dann setzen Sie das Lachstatar darauf und garnieren mit einer Scheibe Gurke, einer kleinen Cocktailtomate und einer schwarzen Olive.

Thunfischtatar auf Avocado-Mango-Salat

Für 4 Portionen
Tatar: 400 g frischer, roher Thunfisch, ½ fein gehackte rote Zwiebel, 1 EL fein gehackte Kapern, ½ Bund klein geschnittener Schnittlauch, 1 EL Sojasauce, ½ TL sehr fein gehackter Ingwer, 1 EL Sesam- oder Olivenöl, Saft von ½ Limette, Salz
Salat: 1 Mango, 1 Avocado, 1 Bund fein gehackter Koriander, Saft von ½ Limette, 1 entkerne, fein gehackte Chilischote, 1 EL Sesam- oder Olivenöl, Salz, Pfeffer
Zum Anrichten: Sesam (hell oder dunkel), leicht angeröstet, klein geschnittener Schnittlauch

Den gut gekühlten Thunfisch mit einem scharfen Messer in feine Stücke schneiden. Versuchen Sie die Fischfasern nicht zu zerdrücken, daher mit wenig Druck schneiden (oder bitten Sie Ihren Fischhändler um den Gefallen). Mit allen Zutaten (bis auf das Salz) gut durchmischen, 10 Minuten ziehen lassen, danach mit Salz abschmecken.

Mango und Avocado (beide müssen unbedingt gut reif sein) schälen und in kleine Stücke schneiden, Limettensaft, Koriander und Chili sowie Öl und eine Prise Salz und Pfeffer untermengen.

Man kommt nicht umhin, sich einen Servierring zu kaufen (oder noch besser je einen pro Person), denn ohne ihn gelingt das Anrichten nicht. Außerdem sollte man die Speise, vor allem in den heißen Sommermonaten, kurz in den Kühlschrank stellen. Füllen Sie als untere Schicht den Avocado-Mango-Salat in den Ring und fügen Sie dann vorsichtig die Thunfischstückchen hinzu. Mit leicht geröstetem Sesam und Schnittlauch servieren.

Natürlich können Sie das Mengenverhältnis verändern, etwa 250 g Thunfisch, dafür 2 Avocados und 2 Mangos.

Dazu schmeckt leicht getoastetes Weißbrot.

Reina Palta (Gefüllte Avocados)

Reina Palta bedeutet so viel wie »Königin Avocado«. Das Rezept stammt aus Chile und ist dort aus dem nationalen kulinarischen Bewusstsein nicht wegzudenken. Im Prinzip ist es eine von vielen Varianten, Avocados in Hälften zu schneiden und zu füllen. Man isst sie von Kuba und Venezuela bis Ecuador, Bolivien, Peru und eben Chile. Es ist eine ideale Vorspeise oder im Sommer eine leichte Hauptspeise.

Für 6 Portionen
4 große Avocados, 200 g gekochtes Huhn oder Shrimps oder große Garnelen, Vinaigrette-Sauce oder Mayonnaise, Salz, frisch gemahlener Pfeffer, Zitronensaft, Eisbergsalat und Petersilie zur Dekoration

1 Avocado und das Huhn schneiden, vermengen, Vinaigrette dazugeben, würzen, abschmecken. Dabei darauf achten, dass die Masse auch optisch ansprechend bleibt.

Die 3 übrigen Avocados vorsichtig schälen (selten werden sie mit Schale serviert, obwohl natürlich stabiler) teilen, entkernen, umgehend mit Zitrone beträufeln, salzen und füllen. Auf einem Salatbett anrichten.

Varianten für die Füllung: gekochter Schinken mit hart gekochten, gehackten Eiern (Ecuador); gekochtes Gemüse (Kuba), zum Beispiel Kartoffeln, Karotten, Erbsen, Rüben, Spargelspitzen, Paprika, Gurke oder frische Tomaten mit Zwiebel und rotem Paprika (Bolivien).

Je nach Füllung variieren auch die der Avocado (also Palta) beigefügten Namen: *Palta York* mit Schinken. *Palta Cardenal* mit Garnelen oder Krabben. *Palta Princesa* mit Truthahn. *Palta Imperial* mit Krebs oder Krustentieren. *Palta Emperatriz* mit *centolla*, was Meeres- oder Seespinne bedeutet.

Geröstete Blutwurstscheiben mit Apfel und Avocado

Die alljährliche Buchmesse in Frankfurt ist für mich mit einigen lokalen kulinarischen Freuden verbunden. Da ist zum einen die Wurstkultur, die der eine oder andere Metzger in der Umgebung von Frankfurt noch pflegt (Stichwort *Ahle Worscht* oder eben die köstliche Blutwurst), zum anderen ist der Besuch eines *Äppelwoi*-Lokals obligatorisch. Die in Hessen klassische Speise Himmel und Erde inspirierte mich zu einer Kombination mit der Avocado. Die Annahme, dass sich der sämige Geschmack der Blutwurst, der säuerliche Apfel und die cremige Avocado am Gaumen vortrefflich verbinden könnten, bewahrheitete sich. Hört sich ungewöhnlich an, aber probieren Sie es aus! Es schmeckt wunderbar.

Für 2 Portionen
8 kleine Scheiben Blutwurst, 1 mittelgroße Schalotte, 1 eher säuerlicher Apfel, ½ Avocado, Zitronensaft, Salz, frisch gemahlener Pfeffer, Korianderkörner, Piment, rosa Pfefferbeeren, 1 Hauch Zimt

Die gut abgehangene Blutwurst (meine war schon richtig hart) in nicht zu dicke Scheiben schneiden, eventuell halbieren. Diese einfach in die Pfanne legen und bei mittlerer Hitze ohne Fett langsam anbraten. Die fein geschnittene Schalotte zur Wurst geben und ohne weiteres Fett (es reicht das Wurstfett) langsam anbraten. In der Zwischenzeit einen säuerlichen Apfel schälen, in feine Stücke schneiden, mit Zitrone beträufeln und zur Blutwurst geben, alles gut würzen. Zu guter Letzt eine halbe Avocado in größere Stücke zerteilen, ebenfalls mit Zitrone beträufeln und diese in der Mitte der Pfanne kurz mitbraten. Mit den Gewürzen abschmecken. Mit dem Zitronensaft vorsichtig sein.

Statt mit Zitrone kann ich mir auch eine Variante mit gutem Balsamicoessig vorstellen!

Rote-Rüben-Wedges mit Avocado und Kren

Eine Kombination, die einem erst einmal einfallen muss – ich habe sie bei einer Freundin, die in London lebt, gegessen und sie wurde sofort zu einem unserer Lieblingsrezepte! Die Wedges eignen sich als Vorspeise oder auch als Beilage zu Fisch. Ursprünglich stammt das Rezept aus Dale Pinnocks Buch *The Medicinal Chef – Eat your way to better health.*

Für 4 Portionen
4 große Rote Rüben/Rote Beten (gut gereinigt, aber nicht geschält, in regelmäßige, etwa orangenspaltengroße Stücke geschnitten), Olivenöl, 2 große Avocados (oder mehr), Saft einer halben Zitrone, 4 TL Kren/Meerrettich (mit Oberskren/Sahnemeerrettich wird's noch cremiger), Salz

Den Ofen auf 220 °C vorheizen. Die Rübenspalten auf dem Backblech verteilen, aufrecht hinstellen, mit Olivenöl beträufeln und gute 25, eventuell 30 Minuten im Backofen braten, bis sie gut durch und knusprig sind. Da die Rüben ungekocht sind, brauchen sie relativ hohe Temperatur.

Avocados entweder mit der Hand oder im Mixer gemeinsam mit dem Zitronensaft, dem Kren/Meerrettich und etwas Olivenöl pürieren. Salzen und zu einer glatten Creme verrühren.

Schmeckt köstlich auch mit einem kräftigen Salat, eventuell mit Couscous.

Scharfer Avocado-Shrimp-Salat mit Misodressing

Für 4 Portionen
Butter, 1 fein gehackte Knoblauchzehe, 350 g Shrimps, Chilipulver, 2 Avocados, 1 Gurke, frischer Baby-Spinat, frischer Koriander und gehackte Erdnüsse
Dressing: 1 EL frisch geriebener Ingwer, 2 TL Agavensirup, 3 TL Limettensaft, 1½ EL Miso (eine Paste, die man in Asia-Shops oder gut sortierten Supermärkten findet), Salz, Essig, Öl

Butter in einer Pfanne erhitzen, Knoblauch und Shrimps darin anbraten und gleich in der Pfanne mit Chili würzen. Garen, bis die Shrimps nicht mehr glasig sind, sondern eine leichte Bräune haben.

Avocadofleisch in schmale Stücke schneiden, Gurke schälen, entkernen und ebenfalls in schmale Stücke, den Baby-Spinat waschen, trocken schleudern und in Streifen schneiden.

Shrimps, Avocado und Spinat jeweils zu einem Drittel in Schalen anrichten (sieht sehr schön aus).

Alle Zutaten für das Dressing mixen, bis eine cremige Emulsion entstanden ist. Das Dressing über dem Salat verteilen, mit frischem Koriander und gehackten Erdnüssen bestreuen.

Tipp: Miso ist meist ziemlich zäh, daher vor dem Verwenden in etwas heißem Wasser auflösen.

Das Mengenverhältnis Shrimps/Avocado können Sie natürlich nach Ihren Vorlieben variieren.

Avocado-Rote-Rüben-Salat mit Petersilie

Damit ist eigentlich alles gesagt! Dieser Salat ist ein Kraftspender sondergleichen, und er schmeckt noch viel besser, als er klingt! Die Kombination Rote Rübe/Avocado finde ich so gut, dass sie hiermit ein zweites Mal vorkommt.

Für 4 Portionen
2 größere oder 3 kleinere Rote Rüben/Rote Beten, Olivenöl, Zitronensaft, Salz, Pfeffer, 1 großer Bund Petersilie, 2 große Avocados

Rote Rüben je nach Größe ca. 20–30 Minuten kochen, schälen (Küchenhandschuhe verwenden), abkühlen lassen. Dann in Würfel schneiden. Mit viel gutem Olivenöl und Zitronensaft marinieren, salzen und pfeffern. Die Marinade kann einziehen, während Sie die Petersilie (nicht allzu fein) hacken. Zuletzt das Avocadofleisch in ebenso große Stücke wie die Rote Rübe schneiden. Alles vermengen, gut abschmecken, noch leicht lauwarm essen. Großartiger Salat, sehr einfach zu machen!

Avocadosalat mit rosa Grapefruit

Für 4 Portionen
2 mittelgroße rosa Grapefruits (möglichst bio mit essbarer Schale), 1 EL Olivenöl, 1 EL gehackte Pistazien, 1 EL Pinienkerne, 1 sehr kleine rote Zwiebel oder 1 Schalotte, 2 schöne, große Avocados, Kresse
Dressing: Saft der Grapefruit, 2 EL weißer Balsamicoessig, 1 EL Olivenöl, 1 EL Rohrzucker oder 1–2 EL Honig, 1 EL Dijonsenf, 1 Msp. Chiliflocken

Die Grapefruits heiß waschen, trocken reiben und feine Zesten abreiben. Nun schälen und mit einem scharfen Messer filetieren (die bittere weiße Haut soll ganz entfernt werden), den dabei entstehenden Saft auffangen. Alle Zutaten für das Dressing gut verrühren und mit Salz und Pfeffer abschmecken.

Olivenöl erhitzen, die gehackten Pistazien sowie die Pinienkernen darin leicht anrösten und ins Dressing geben. Die Zwiebel in sehr feine Ringe schneiden. Das Avocadofleisch in Spalten (ähnlich den Grapefruitfilets) schneiden und Avocado- und Grapefruitspalten abwechselnd anrichten. Gut mit der Marinade überziehen.

Den Salat unbedingt eine halbe Stunde ziehen lassen. Mit Kresse, Zwiebelringen und Grapefruit-Zesten bestreut servieren. Auch einige Granatapfelkörner sind ein schöner optischer Effekt!

Eine weitere einfache und köstliche Variante ist ein Salat mit Avocados, Erdbeeren und gratiniertem Ziegenkäse.

HAUPTSPEISEN

Causa Limeña (Causa aus Lima)

Dieses Gericht indianischen Ursprungs gehört zu den absoluten Lieblingsspeisen der Peruaner. Es gibt hunderte Varianten! Der Name kommt von *kausay* aus dem Quechua für Kraft, Nahrung. Das Gericht heißt meist nur Causa oder eben Causa Limeña, aus Lima stammend, Causa Rellena, gefüllte Causa, oder Causa Palta, mit Avocados.

Dieses köstliche und gleichzeitig nahrhafte Gericht bringen die Peruaner gerne auf Partys mit, da es farbenfroh und repräsentativ aussieht. Hauptzutat ist die für Peru typische gelbe Kartoffel *(papa amarilla)*, sie bildet die Grundlage für die fein gewürzte Masse, die als eine Art Kuchenteig fungiert. Man kann die Causa mit Thunfisch, Krabbenfleisch, Hühnerstückchen, Fleischsalat etc. füllen. In jeder Variante sind Avocados dabei, meist auch Mayonnaise, Eier und Oliven. Zum Abschluss dekoriert man die »Torte« mit Petersilie, fächerförmig aufgelegten Avocados, harten Eiern, Oliven nach Belieben.

Eine weitere wichtige Zutat ist der für die peruanische Küche typische Aji (eine Chiliart, eigentlich die Beerenfrucht eines Nachtschattengewächses, in Quechua heißt er *uchu*), die es in sehr unterschiedlichen Schärfegraden gibt. Für die Causa verwendet man *aji amarillo*, also gelben Aji, eine etwas süßere Variante.

Es gibt zwei Zubereitungsarten: als Torte geschichtet oder als Strudel gerollt. Bei beiden Varianten ergeben die Schichten beim Aufschneiden einen tollen optischen Effekt. Man isst die Causa kühl, sie sollte nach der Fertigstellung in den Kühlschrank.

Ich möchte hier eine Strudel-Variante des berühmten peruanischen Kochs Gastón Acurio anführen, der ein Causa-Rezept mit Krebsfleischfüllung kreiert hat:

Causa-Rolle mit Krebsfleischfüllung

Für 4 Portionen
8 geschälte gelbe Kartoffeln, 120 ml gelbe Chilipaste (Aji amarillo, im Internet bestellbar), 4 EL Pflanzenöl, Saft von 7 Limetten, Salz, 200 g frisches Krebsfleisch, 175 g Mayonnaise, 1 Avocado, in 1 cm kleine Würfel geschnitten, 2 Eier, hart gekocht und grob gehackt, 1 Handvoll Petersilienblätter (nach Belieben) zum Garnieren

Kartoffeln garen und danach zu einem feinen Püree ohne Klumpen zerstampfen. In einer Schüssel mit Chilipaste, Öl und vier Fünfteln des Limettensafts vermischen. Mit Salz würzen und gründlich vermengen. In einer anderen Schüssel das Krebsfleisch, 120 g Mayonnaise und den restlichen Limettensaft vermischen.

Die Kartoffelmischung 1 cm dick auf ein Stück Frischhaltefolie auftragen. Gewürfelte Avocado, gehackte Eier und den Großteil der Krebsmischung darauf schichten. Die restliche Krebsmischung zum Garnieren beiseite stellen. Die Frischhaltefolie an zwei Ecken aufnehmen und die belegte Kartoffelmischung vorsichtig einrollen. Die Folie entfernen und die Rolle auf eine Servierplatte legen. Mit der restlichen Mayonnaise und Krebsmischung sowie mit Petersilie garnieren.

Causa als Torte

Diese Variante finde ich etwas einfacher: Teilen Sie die gut gewürzte Kartoffelmasse in drei gleiche Teile. Den ersten Teil wie einen Kuchenboden in eine Torten- oder Auflaufform drücken und gleichmäßig verteilen. Darauf geben Sie eine Schicht der Füllung, etwa Hühnerfleisch oder Thunfisch, vermengt mit fein geschnittenen roten Zwiebeln, und würzen mit Pfeffer und Salz. Es folgt die zweite Lage Kartoffelteig. Darauf kommen Avocado- und Eischeiben, wenn Sie möchten, auch mit Mayonnaise. Schließen Sie mit Kartoffelteig ab, den Sie dann nach Herzenslust dekorieren können.

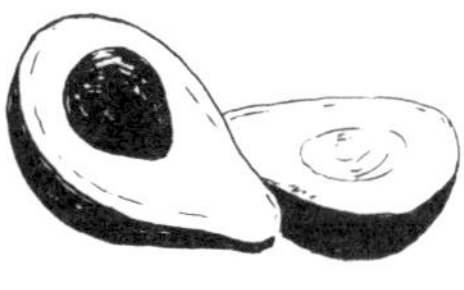

Pita Avocado-Ei

Köstlich! Die Mischung aus Avocado, rotem Zwiebel, Schafkäse, Minze und Ei ist eine echte Gaumenfreude und dabei denkbar einfach.

Für 3 Stück
3 Pita-Brote, 2 Avocados, ½ Becher Sauerrahm/Saure Sahne, etwas Schafkäse, Saft von ¼ Zitrone, 1 kleiner Bund Minze, Salz, Pfeffer, Chili aus der Mühle, ½ rote Zwiebel, 1 mittelgroße Tomate, einige Blätter Basilikum, 3 Eier

Ofen auf 180 °C vorheizen, Pita-Brote 4–5 Minuten erwärmen. Avocados in Stücke schneiden, mit dem Sauerrahm, einigen kleineren Stücken Schafkäse, etwas Zitrone und zwei Dritteln der gehackten Minze vermengen, Salz, Pfeffer und Chili hinzufügen. Sehr fein geschnittene rote Zwiebelringe sowie ebensolche Tomatenscheiben vorbereiten, salzen, Basilikumblätter darauflegen.

Gewendete Spiegeleier *over easy*: Während die Pita-Brote im Ofen sind, 3 Eier in eine heiße Pfanne mit etwas Öl geben, dann wenden, ohne das Eigelb zu zerstören. Nehmen Sie die Eier heraus, solange das Eigelb innen noch leicht flüssig ist, das macht den Genuss noch freudvoller.

Während die Eier brutzeln die Brote aus dem Ofen nehmen, aufschneiden (heiß!), die Avocadocreme großzügig auf dem Brot verteilen, zusätzlich ein paar frische Minzblätter darauf verteilen sowie Tomaten, Zwiebeln, Basilikum. Zu guter Letzt das Ei in das Pita-Sandwich legen, salzen und pfeffern – *bon appétit*!

Jakobsmuscheln an Avocado-Tao

Genau genommen müsste das Rezept so heißen: Warme Jakobsmuscheln in Orangenessenz an gekühlter Avocadocreme. Das Originalrezept stammt von Pierre Gagnaire aus seinem Buch *The five seasons kitchen. 90 simple and creative recipes*. Er nannte es Tao. Die Avocado als höchste transzendente Wahrheit? Warum nicht. Es ist in jedem Fall eine tolle Kreation, im Grunde ein Zitat so mancher karibischen Speise.

Für 2 Portionen
Saft von 2 Orangen und 1 Zitrone, etwas Kartoffelstärke, 2 Avocados, geschält, entkernt und fein gehackt, Saft einer Limette, 4 EL Kondensmilch, 150 g crushed ice oder Eiswürfel, Salz, Pfeffer aus der Mühle, Chilipulver, 50 g frische Butter, 12 Jakobsmuscheln

Den Orangensaft bei geringer Hitze auf die Hälfte reduzieren, dann Zitronensaft hinzufügen und ein bisschen Kartoffelstärke zum Binden. Die Sauce soll schließlich am Löffel kleben bleiben.

Für das Avocado-Tao die Avocados mit Limettensaft, Kondensmilch und den Eiswürfeln im Mixer pürieren; mit Salz, Pfeffer und Chili (Piment d'Espelette) würzen.

Die Butter erhitzen bis Bläschen zu sehen sind, dann die gewürzten Jakobsmuscheln darin erwärmen, sie sollen nicht braten. Vom Herd nehmen, die Orangenessenz hinzufügen und die Jakobsmuscheln gut bedecken.

Im ursprünglichen Rezept schnitt Gagnaire die Jakobsmuscheln in Stücke, wir haben sie ganz gelassen. Das Gericht schmeckt unglaublich intensiv, fruchtig und köstlich, leider war es eine Spur zu sauer, da unsere Zitrone und die Limette extrem saftig waren. Daher immer wieder abschmecken und erst nach und nach weiteren Saft hinzufügen.

Gebratenes Hühnerfilet, gefüllt mit Avocados, Mozzarella und getrockneten Tomaten, in Kokospanade

Für 2 Portionen
2 Hühnerbrustfilets, Salz, Pfeffer, Chili aus der Mühle, Kurkuma, Basilikum, ½ Avocado in Streifen (mit etwas Zitrone beträufelt), ½ Packung Mozzarella in Scheiben, 3 getrocknete Tomaten, Kokosflocken, Butter oder Ghee

Backofen auf 180 °C vorheizen. Hühnerbrust mittig einschneiden, aufklappen und (auf einer Folie) möglichst gleichmäßig und dünn ausklopfen. Mit Salz, Pfeffer, frisch gemahlenem Chili und ein bisschen Kurkuma würzen. Mit Basilikum, Avocado-Streifen, Mozzarella und getrockneten Tomaten belegen. Eng aufrollen und mit einem Küchenfaden binden. Fertige Rolle mit Kokosflocken bestreuen und diese fest andrücken.

In einer Pfanne mit heißer Butter oder Ghee von allen Seiten gut anbraten (gute 10 Minuten, je nach Dicke auch mehr).

Im Backofen weitere 10–15 Minuten garen.

Als Beilage passt jede Art von Reis sehr gut, Basmati, aber auch Risotto, evtl. mit Pilzen. Wir haben dazu auch noch Karotten-Kürbis-Gemüse mit Ingwer, Zitronengras, Knoblauch, Kurkuma, Honig und Kokosflocken gemacht.

Avocadopesto mit Tagliolini

Unkompliziert zu machen, eine vegane Hauptspeise. Ideal für ein schnelles, aber dennoch warmes und tröstliches, selbst gemachtes Abendessen nach einem stressreichen Tag.

Für 2 Portionen
250–300 g Tagliolini, 2 Avocados, 1 Knoblauchzehe, Salz, frisch gemahlener Pfeffer, 2 EL frisch gepresster Zitronensaft, 2 Frühlingszwiebeln, 4 Cocktail-Tomaten

Salzwasser zustellen und die Pasta kochen.

Avocadofleisch mit der Knoblauchzehe in den Mixer geben (cremige Variante) oder mit der Gabel grob zerkleinern und Knoblauch pressen (wenn Sie diese Konsistenz lieber mögen), dann gut würzen. Ein ganz klein wenig hinzugefügtes Nudelwasser macht das Pesto noch geschmeidiger. Die Avocadopaste gut mit den gekochten Nudeln verbinden.

Zum Schluss die klein gewürfelten Tomaten und die gehackten Frühlingszwiebeln hinzufügen. Mit frischem Pfeffer würzen.

Eine weitere Variante, ähnlich dem klassischen Pesto: mit viel frischem Basilikum (ich mag es zusätzlich mit etwas frischem Koriander) und gut 3 EL geriebenem Parmesan. In diesem Fall passen einige Zitronenzesten on top wunderbar, und natürlich Pfeffer.

Vietnamesische Frühlingsrollen in Reispapier

Ein bisschen vernachlässigt habe ich bisher den asiatischen Raum, in dem die Avocado in Sushi, Maki & Co ebenfalls eine wichtige Rolle spielt. Was ich unglaublich gerne esse, sind vietnamesische Frühlingsrollen in Reispapier. Mein Tipp: Wenn Sie Lust auf geselliges Essen haben, fertigen Sie die Rollen bei Tisch gemeinsam mit Freunden an.

Für 10 Rollen
½ Eisbergsalat, 2 Karotten, 1 Avocado, einige Sojasprossen, rote Zwiebeln, fein gehackte, Minze, fein gehackter Koriander, blanchierte Glasnudeln (kleine Menge), Krabbenchips (in kleinere Stückchen zerbröselt, machen sie die Frühlingsrolle knusprig), gehackte Erdnüsse oder Cashews, Sojasauce, Shrimps (nicht zu groß, eventuell eingewickelt in Speck), dunkles Sesamöl, faschiertes/durch den Fleischwolf gedrehtes Rindfleisch, fein gehackter Knoblauch, entkernte, fein gehackte Chilischote(n), Reisblätter (nicht zu klein im Durchmesser)

Schneiden Sie alle Gemüse in eher feine, längliche Streifen (Avocados etwas größer) und stellen Sie diese in Schälchen auf den Tisch, ebenso die gehackten Kräuter, die Glasnudeln, die Krabbenchips und die Nüsse. Stellen Sie Saucen Ihrer Wahl bereit (Soja etc.).

Braten Sie die Shrimps (im Speckmantel) in dunklem Sesamöl an. Braten Sie Knoblauch, Chili und Rindfleisch an. Stellen Sie Shrimps und Rindfleisch ebenfalls auf den Tisch. Lassen Sie parallel dazu einen großen Topf mit Wasser aufkochen.

Nun stellen Sie den Topf mit Wasser (soll nicht mehr kochen, sonst verbrennt man sich; bei Bedarf kann man das Wasser zwischendurch noch einmal erwärmen) auf den Tisch. Die Reisblätter werden kurz in das warme Wasser getaucht, dann auf den Teller transferiert und nach Belieben gefüllt. Aber Vorsicht: Füllen Sie nicht zu viel ein, das Reispapier ist nur bedingt elastisch. Ein klein wenig Geschicklichkeit ist vonnöten!

Avocadocreme

Von diesem in Brasilien sehr beliebten Dessert, genannt *Creme de abacate*, gibt es unzählige Varianten, etwa mit Mandelmilch, mit Joghurt, mit Eis, mit Früchten, mit Honig. Hier der Klassiker:

Für 6 Portionen
3 große, sehr reife Avocados, 4 EL frischer Limettensaft, 6 TL brauner Rohrzucker

Alle Zutaten vermischen, kühlen, eventuell mit crushed ice vermengen und in einem Cocktailglas servieren.

Schoko-Minz-Torte mit Avocado

Schokolade, oder eigentlich Kakao, gehört zu den Zutaten, die gut zur Avocado passen, auch in Getränken. Es ist ein gewisser Aufwand, aber die kühlende Minztorte ist ein wunderbares Dessert für Sommertage.

Für 1 Torte
Für den Boden: 200 g gemischte Nüsse (etwa Walnuss, Pekan, Haselnuss, gibt es bereits gemischt in hoher Qualität zu kaufen), 6 entsteinte Datteln, 3 EL Kokosöl
Für die Schokoladenmasse: 4 reife, sehr weiche Avocados, 5 gehäufte Löffel Kakaopulver (von guter Qualität), 5 EL Honig, 3 EL Agavendicksaft, einige wenige Tropfen Pfefferminzöl (von hoher Qualität), 3 EL Kokosöl, Minzblätter

Für den Boden geben Sie die Nüsse und die Datteln in den Mixer und zerkleinern Sie diese auf höchster Stufe, bis eine feste, harte Masse entsteht. Kokosöl schmelzen, hinzufügen und nochmals gut durchmixen. Geben Sie nun diese Nuss-Dattel-Mischung in eine runde Tortenform von ca. 23 cm Durchmesser und drücken Sie sie fest und möglichst gleichmäßig mit der Rückseite eines Löffels auf den Boden, damit eine kompakte Basis für Ihre Torte entsteht. Stellen Sie die Tortenform nun in den Kühlschrank, während Sie die Schoko-Masse zubereiten.

Das Avocadofruchtfleisch in den Mixer geben; Kakaopulver hinzufügen, Honig, Agavendicksaft, das Pfefferminzöl (Vorsicht beim Dosieren!) und das flüssige Kokosöl. Mixen, bis eine dicke, samtige Masse entsteht. Abschmecken, eventuell süßen.

Den Boden aus dem Kühlschrank nehmen und die Kakao-Avocado-Masse darüber verteilen, mit einer Spachtel glatt streichen. Im Kühlschrank für mindestens 5 Stunden kühlen, bevor Sie die Torte servieren. Mit Minzblättern dekorieren.

Lassen Sie Ihre Freunde raten, was in der Torte enthalten ist. Ich wette, sie kommen nicht auf Avocados!

Avocadoeis mit Kokosmilch

Für 3 Portionen
2 Avocados, 125 ml Agavendicksaft, ½ Limette,
250 ml Kokosmilch, Prise Salz

Avocados halbieren, entkernen und Fruchtfleisch herauslösen. Mit Agavendicksaft vermengen und im Mixer fein pürieren. Limette auspressen und den Saft mit Kokosmilch und einer Prise Salz unter die pürierte Avocado rühren. Masse in die Eismaschine geben und 40–60 Minuten gefrieren lassen.

Avocadoeis ist eine feine vegane Nachspeise, von der es natürlich auch sehr viele Varianten gibt. Kann man schön dekorieren mit frischen Himbeeren und Minze.

LITERATUR

Bernd Nowak, Bettina Schulz: Tropische Früchte. Biologie, Verwendung, Anbau und Ernte, München 1998

Lucien F. Trueb: Früchte und Nüsse aus aller Welt, Stuttgart/Leipzig 1999

Sonia Montecino, Alejandra Cornejo, Jorge Razeto: Patrimonio alimentario de Chile, Fundación para la Innovación Agraria 2016

Heinz Jenuwein: Avocado bis Zuckerrohr, Stuttgart 1997

Barry, PC (2001-04-07): Avocado. The Early Roots of Avocado History. Canku Ota. Archived from the original on 15 December 2007. Retrieved 2007-12-29

Barbara Buhler Lynes, Christiane Lange (Hg.): Georgia O'Keeffe Leben und Werk, München 2012

Nigel Cawthrone: Götterwelten – Die Kunst der Azteken, Augsburg 1999

Christian Rätsch: Die Regenwaldapotheke, Medizin und Weisheit der Völker des tropischen Regenwaldes, Berlin 1999

Kochbücher:

Gilly Gobinet: The Cool Caribbean Cookery Book, West Indies 2007

Dale Pinnock: The Medicinal Chef – Eat your way to better health, London 2013

Pierre Gagnaire: The five seasons kitchen. 90 simple and creative recipes, London 2016

Elizabeth Lambert Ortiz: The Book of Latin American Cooking, London 2016

»Reina Palta«. Recetas saludables ilustradas, Santiago de Chile 2015

Katharina Seiser: Immer schon vegan – Traditionelle Rezepte aus aller Welt, Wien 2015

Internet:

http://www.theatlantic.com/health/archive/2015/01/the-selling-of-the-avocado/385047/

http://www.etymonline.com/index.php?term=avocado&allowed_in_frame=0

https://www.theguardian.com/world/2016/jun/15/avocado-thieves-shortage-crime-fruit-black-market-new-zealand

http://www.spiegel.de/wissenschaft/natur/mexiko-avocado-boom-fuehrt-zu-illegaler-abholzung-a-1109872.html

http://www.zeit.de/2016/43/avocado-superfood-anbau-oekologie-trend

http://www.tagesanzeiger.ch/leben/essen-und-trinken/Lecker-trendig-vegan--aber-nicht-oekologisch/story/27065332

KATHRIN KONRAD

lernte die Avocado auf ihren zahlreichen Reisen kennen und lieben. Wenn die studierte Hispanistin und Kommunikationswissenschafterin nicht kocht, verantwortet sie im Mandelbaum Verlag die Presse- und Öffentlichkeitsarbeit.

DANK

Ich danke den vielen Menschen, die mich unterstützt und zu diesem Buch ermutigt haben. Meiner Familie für das jahrzehntelange Kosten meiner Avocado-Kreationen, meinen kochaffinen Freundinnen und Freunden für unzählige Tipps und Ratschläge. Für geduldiges Verkosten etwas gewagterer Rezepte bedanke ich mich bei Neomi, Paula und besonders bei Hannah, die Avocados gar nicht mag. Aber ich gebe die Hoffnung nicht auf, dass sich das eines Tages ändert.

Speziell danken möchte ich meinem Chef, Michael Baiculescu, für sein Vertrauen – ein Mutiger und Ermutiger mit großem Herz.

Für die konstruktive und hilfreiche Arbeit am Text danke ich herzlichst meiner Lektorin Inge Fasan.

Für viele Stunden gemeinsamen Kochens und viel Geduld danke ich meinem Liebsten Martin Wohlmuth. Ihm möchte ich dieses Buch widmen.

REZEPTVERZEICHNIS

Avocadocreme 55
Avocadoeis mit Kokosmilch 56
Avocado-Matcha-Smoothie 32
Avocado-Melanzani-Aufstrich 35
Avocadopesto mit Tagliolini 53
Avocado-Rote-Rüben-Salat mit Petersilie 46
Avocados, gefüllt 42
Avocadosalat mit rosa Grapefruit 46
Avocado-Sesam-Curry-Paste 36
Avocado-Shrimp-Salat mit Misodressing 45
Avocado-Spinat-Smoothie 33
Avocadosuppe 37
Avocadoterrine 38
Blutwurstscheiben, geröstet, mit Apfel und Avocado 43
Causa als Torte 49
Causa Limeña (Causa aus Lima) 47
Causa-Rolle mit Krebsfleischfüllung 48
Frühlingsrollen, vietnamesische, in Reispapier 53
Guacamole 33
Hühnerfilet, gebraten, gefüllt mit Avocados, Mozzarella und getrockneten Tomaten, in Kokospanade 52
Jakobsmuscheln an Avocado-Tao 51
Lachstatar auf Avocadomousse 40
Pita Avocado-Ei 50
Reina Palta (Gefüllte Avocados) 42
Rote-Rüben-Wedges mit Avocado und Kren 44
Schoko-Minz-Torte mit Avocado 55
Thunfischtatar auf Avocado-Mango-Salat 40